MILLE MILLIARDS de DÉBROUILLARDS!

Jacques Goldstyn

Nous reconnaissons l'aide financière du gouvernement du Canada par l'entremise du Programme d'aide au développement de l'industrie de l'édition (PADIÉ) pour nos activités d'édition.

 Conseil des Arts   Canada Council
du Canada   for the Arts

Bayard Canada Livres inc. remercie le Conseil des Arts du Canada du soutien accordé à son programme d'édition dans le cadre du programme des subventions globales aux éditeurs.

Cet ouvrage a été publié avec le soutien de la SODEC. Gouvernement du Québec – Programme de crédit d'impôt pour l'édition de livres – Gestion SODEC.

Catalogage avant publication de Bibliothèque et Archives Canada

Goldstyn, Jacques

Mille milliards de Débrouillards !

(Collection Les Débrouillards ; 1)
Bandes dessinées.
Pour les jeunes.

ISBN : 2-89579-043-4

I. Titre. II. Collection.

PN6734.M54G64 2004
j741.5'971   C2004-941744-4

Imprimé au Canada

Dépôt légal : 4e trimestre 2004
Bibliothèque nationale du Québec
Bibliothèque nationale du Canada

Éditrice : Chantal Vaillancourt
Dessins et scénarios :
Jacques Goldstyn
Coordination : Félix Maltais
Révision : Hélène Veilleux
Maquette : Karine Savard

Bayard Canada Livres inc.
4475, rue Frontenac
Montréal (Québec) H2H 2S2
Tél. : (514) 844-2111 ou 1 866-844-2111
Télécopieur : (514) 278-3030
Courriel : redaction@bayardjeunesse.ca

Site Internet : www.bayardjeunesse.ca

Table des matières

Du même auteur...

Les Aventures des petits débrouillards, éditions La Presse, 1986. Épuisé.

Les Grands Débrouillards, tome 1, coauteur : Al + Flag, éditions Héritage Jeunesse, Saint-Lambert, 1991. Disponible à la librairie Monet et sur www.lesdebrouillards.qc.ca.

Lâche pas la grenouille, éditions Héritage Jeunesse, Saint-Lambert, 1996. Disponible à la librairie Monet et sur www.lesdebrouillards.qc.ca.

La science morte de rire, éditions MultiMondes, Sainte-Foy, 2003.

Avant d'être dessinateur, j'ai été géologue. J'ai cassé des cailloux en Abitibi et en Gaspésie avant de chercher du pétrole dans l'Ouest canadien.

J'aurais certainement fini mes jours englué dans l'or noir si Félix Maltais ne m'avait pas ramené sur le bon filon : celui de ma table à dessin.

Félix est le plus célèbre adjoint du Professeur Scientifix. C'est un très sérieux éditeur qui possède un sens de l'humour drôlement scientifique.

Il est à l'origine (avec le Professeur Scientifix) du Mouvement des Débrouillards. Il est le fondateur des magazines *Les Débrouillards* et *Les Explorateurs*. Et en plus, il a été la bougie d'allumage de plusieurs bandes dessinées de cet album.

Je ne sais pas à quoi carbure ce vieux complice, mais après toutes ces années de collaboration, je suis sûr que c'est à une énergie renouvelable.

Merci Félix !

Jacques Goldstyn

Retour en classe de classe

Démarque-toi!

C'EST INCROYABLE, TOUTES LES BOUTIQUES NE VENDENT QUE DES VÊTEMENTS GRIFFÉS!

ET À DES PRIX EXORBITANTS!

BANDE D'ESCO-GRIFFES!

LES GENS SONT DEVENUS DES AFFICHES PUBLICITAIRES!

SALUT!

VOULEZ-VOUS VOIR NOS ACHATS?

AH! BRAVO! VOUS AVEZ FLAMBÉ TOUT VOTRE ARGENT POUR VOUS COUVRIR DE LOGOS!

RIEN QUE LES CASQUETTES ONT DÛ VOUS COÛTER 25$

NON, 30$!

LES GROSSES COMPAGNIES FONT DES MILLIONS SUR VOTRE DOS.

...ET ELLES ENGAGENT LES PLUS GRANDES VEDETTES POUR NOUS POUSSER À ACHETER!

SPORT

MAMAN, JE VEUX ÇA!!

LES USINES SONT INSTALLÉES DANS DES PAYS PAUVRES OÙ DES OUVRIERS (PARFOIS DES ENFANTS) TRAVAILLENT À DES SALAIRES DE MISÈRE!

OUI, MAIS C'EST LA MODE. TOUT LE MONDE LA SUIT.

JUSTEMENT, SOIS PAS UN SUIVEUX!

HÉ! REGARDEZ ÇA!

Martin martyrisé

9

Que la farce soit avec toi

VAN VADER   MATHIEU ROBERT SIMON KIM NADIA CATHERINE CARO

BURP

BEURK!

HUM...
LA MAISON DE KIM.
J'Y VAIS ?
J'Y VAIS PAS ?

J'Y VAIS ! ELLE NE ME RECONNAÎTRA JAMAIS.

DING DONG !

TCHAK !

?

HÉ !

COMMENT M'AVEZ-VOUS RECONNU ?

ÇA FAIT QUATRE ANS QUE TU AS LE MÊME COSTUME !

V'LÀ LE DERNIER, LE PARTY PEUT COMMENCER !

ET CEUX QUI NE JOUERONT PAS À LA BOUTEILLE SE FERONT CONFISQUER LEURS BONBONS !

QUE LA FARCE SOIT AVEC TOI.

Panique en orbite (première partie)

KIM ROBERT VAN

HOUSTON, WE HAVE BIG PROBLEM.

EJECT

CHUS CAPABLE!

TU N'AS RIEN À CRAINDRE. LE PLAN DE VOL EST ULTRA-SIMPLE. JE TE TRANS-METTRAI LES INSTRUCTIONS PAR RADIO.

BONNE CHANCE MON PETIT YOURI...

SMACK

YOURI?

QUE LUI AS-TU PROMIS POUR QU'IL ACCEPTE DE FAIRE L'ASTRONAUTE?

UN LAISSEZ-PASSER À VIE POUR L'INSECTARIUM.

ATTENTION! L'ÉQUIPE DES DÉBROUILLARDS VA PROCÉDER AU PREMIER TIR.

5..4..3..2..1..
DÉCOLLAGE!

VAS-Y BÉBÉ!
GO... GO... GO!

8000 9000 10000 MÈTRES!

BRAVO! OBJECTIF ATTEINT! COUPE LE MOTEUR EN APPUYANT SUR LE BOUTON ROUGE.

JE RÉPÈTE : BEPPO. APPUIE SUR LE BOUTON ROUGE!

ALLÔ?

QUEL BOUTON ROUGE?

COMMENT ÇA : « QUEL BOUTON ROUGE ? » ROUGE, BEPPO, ROUGE! COMME CRAMOISI, VERMILLON, ÉCARLATE, ROUGE!

ZUT! ON A OUBLIÉ QUE LES GRENOUILLES SONT DALTONIENNES!

VITE, BEPPO!

DIS-LUI D'APPUYER SUR N'IMPORTE QUEL BOUTON!

AM STRAM GRAM PIK ET PIC ET COLEGRAM, MA PETITE VACHE A MAL AUX PATTES, TIRONS-LA PAR LA QUEUE...

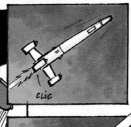

CLIC

OH NON!

QUOI?!

AU LIEU D'ARRÊTER LE MOTEUR, IL A MIS LA PUISSANCE MAXIMALE!

NOUS PERDONS LE CONTACT VISUEL!

QUE VA-T-IL ADVENIR DE BEPPO?

AU SECOURS!

13

Panique en orbite (suite et fin)

A SMALL STEP FOR A FROG...

UN ASTRONAUTE CANADIEN À LA DÉRIVE ? BIEN COMPRIS, HOUSTON.

ALLONS-Y.

LÀ ! JE LA VOIS.

MAIS, C'EST UNE MINI-FUSÉE ! VOUS ÊTES SÛRS QU'IL Y A UN ASTRONAUTE LÀ-DEDANS ?

NOUS L'AVONS !

DOUCEMENT.

A FROG !

SALUT LES MECS. JULIE PAYETTE EST À BORD ?

A FLOG ?

UNA RANA ?

ᐅᓂᖏᑦ ?

ᠡᠵᠡᠨᠡᠷᠡ ?

DIRECTION : LA BASE D'EDWARDS EN CALIFORNIE. ALLONS ACCUEILLIR LE HÉROS !

HOURRA !!!

EH BIEN, JE VAIS D'ABORD ÉCRIRE MES MÉMOIRES ET PUIS SPIELBERG M'A FAIT UNE OFFRE DE 2 MILLIONS POUR SON PROCHAIN FILM.

QU... QUOI ?! UNE FACTURE DE 50 MILLIONS $ POUR L'UTILISATION DE LA NAVETTE ?!

NASA

CBS

2 NBC

Miaou est Cléo ?

GRÂCE À INTERNET, ON PEUT REJOINDRE DES MILLIONS DE GENS. C'EST L'OUTIL IDÉAL POUR RETROUVER UN ANIMAL ÉGARÉ.

AH, LÀ!! REGARDE: ÇA CORRESPOND À LA DESCRIPTION DE TA CLÉO.

OÙ ÇA? OÙ EST-ELLE?

ON L'A RETROUVÉE SUR LA RUE CLARKE...

C'EST OÙ LA RUE CLARKE?

À... À SYDNEY. EN AUSTRALIE.

CLÉO.

PLUS TARD

ADIEU CLÉO.

ALLEZ CATHERINE. ELLE EST AU PARADIS DES CHATS.

LE LENDEMAIN

QU'EST-CE QU'ON DIT À SON AMI SIMON?

J'AI LE FLAIR POUR LES CADEAUX...

C'EST MOI QUI AI EU L'IDÉE LE PREMIER.

17

Photos-souvenirs

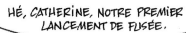

ON TE RECONNAÎT BIEN, ROBERT! DIS DONC, ES-TU NÉ À L'HÔPITAL OU DANS UN ARÉNA?

HAHAHAHA!

TIENS, MAIS TU NE PORTES PAS TON CHANDAIL DU CANADIEN?

EXACT. À L'ÉPOQUE, J'AIMAIS BEAUCOUP LES NORDIQUES: UNE ÉQUIPE QUI N'EXISTE PLUS.

UNE MINUTE DE SILENCE.

ET ÇA, C'EST TOI, MATHIEU, QUAND TU AS DÉCIDÉ DE FAIRE DU COMPOST, ALORS QUE CE N'ÉTAIT PAS ENCORE TRÈS À LA MODE.

OUI ET POUR AMÉLIORER LE RENDEMENT, J'AVAIS AJOUTÉ DES VERS DE TERRE...

...ET À LA FIN DE L'ÉTÉ, ON A ÉTÉ COMPLÈTEMENT ENVAHI PAR LES VERS. OUACH!

OH! ET REGARDEZ ÇA! C'EST QUAND ON A TROUVÉ BEPPO!

OH! IL ÉTAIT TOUT PETIT!

DÉJÀ, IL NE FAISAIT RIEN COMME LES AUTRES.

UNE GRENOUILLE QUI FAIT DU POUCE, C'ÉTAIT ASSEZ SURPRENANT!

CHICOUTIMI
ROBERVAL

AU FAIT, ON N'A JAMAIS SU S'IL AVAIT FAIT UNE FUGUE.

DES FOIS, JE ME DIS QU'ON DEVRAIT LE RAMENER LÀ-BAS.

HÉ! VENEZ VOIR!

VOILÀ UNE VIEILLE PHOTO!

ELLE EST TOUTE RACORNIE.

ELLE DOIT AVOIR 100 ANS.

C'EST QUI?

J'PEUX VOIR?

ATTENDS, IL Y A QUELQUE CHOSE D'ÉCRIT À L'ENDOS.

Scientifix

12 janvier 19

La Ce Pr Nd P
Ac Th Pa U N

Noël, c'est pas un cadeau !

MATHIEU CARO NADIA SIMON

C'EST POUR MOI ?

BZZ... BEPPO

TICTACTICTACTIC TACTIC

MAIS C'EST SIMON ! HAHAHA !

ÇA FAIT 2 SEMAINES QUE JE FAIS LE LUTIN TOUS LES SOIRS POUR RAMASSER DES SOUS.

AU MOINS, TU AS UN ACCÈS DIRECT AU PÈRE NOËL, TOI ! HAHAHA !

HINHINHIN !

PARLONS-EN ; CE PÈRE NOËL, C'EST LE CONCIERGE DU CENTRE COMMERCIAL !

HÉ ! LA FÉE DES ÉTOILES, C'EST KIM !

FINALEMENT, IL N'Y A QUE BEPPO QUI CROIT AU PÈRE NOËL.

ET COMMENT QUE J'Y CROIS AU PÈRE NOËL. MAIS AU VRAI PÈRE NOËL.

D'ABORD, JE LUI AI ENVOYÉ MA LISTE DE CADEAUX PAR INTERNET.

HUM... QUOI D'AUTRE ?

• NINTENDO 64
• GAME FROG
• NÉNUPHAR À MOTEUR
MOUCHES AU CHOCOLAT
(BOÎTE DE 125)

ENSUITE, J'AI REÇU SA CONFIRMATION PAR FAX.

ZZZZ

ALL RIGHT !

JE M'ASSURE QUE L'ACCÈS À LA CHEMINÉE EST BIEN DÉGAGÉ.

BEPPO

ET LA VEILLE DE NOËL, JE PRÉPARE LA COLLATION. TRÈS IMPORTANT.

BISCUITS BRISURES DE CHOCOLAT

HAHAHA ! QUEL NAÏF CE BEPPO ! CROIRE AU PÈRE NOËL COMME UN BÉBÉ LALA.

PLTR...

25 DÉCEMBRE, À DEUX HEURES DU MATIN.

KIM VAN BOB BEPPO

BEPPO

JOYEUX NOËL !

BANANA

21

Lucas aime les Indiens sans réserve

Roboprof

KIM   MATHIEU   VAN   CARO   ROBERT   SIMON   NADIA   CAT

$\frac{9}{12} = \frac{3}{5}$

HIBOUS
CHOUS
GENOUS

CHAMPLAIN
1602

CROUIC CROUIC CROUIC CROUIC

Course aux cours

* JAPON

2h00 — COURS DE CHIMIE

2h20 — COURS DE PEINTURE

BURP!

4h00 — COURS DE TENNIS

POF!

4h10 — COURS DE BRICOLAGE

6h00

QUELLE JOURNÉE! JE SUIS FOURBU!

ET MOI DONC.

SIMON, JE N'EN PEUX PLUS DE CETTE CADENCE D'ENFER!

DU CALME CARO, ON VA EN PARLER À MAMAN.

ALORS LES ENFANTS, COMMENT A ÉTÉ LA JOURNÉE?

CAPOTANT.

ÉCOEURANT.

EH BIEN MOI JE TROUVE QUE VOUS AVEZ L'AIR STRESSÉ.

QUEL SENS DE L'OBSERVATION.

VOUS AVEZ BESOIN DE RELAXER UN PEU. J'AI DONC DÉCIDÉ...

...DE VOUS INSCRIRE À UN COURS DE YOGA!

ÇA FAIT DEUX JOURS QU'ILS SONT COMME ÇA DOCTEUR.

...ET QUAND J'APPROCHE DE LA TÉLÉ, ILS HURLENT!

BING BANG

TUT TUT TUT

POP CORN

CHIPS

CROC CROC

Le Valentin à la voix de velours

En avril, ne te découvre pas d'un fil

* LA TRUITE DE SCHUBERT

CARO KIM MATHIEU SIMON

EN JUILLET ENLÈVE LE GAMINET

EN AOÛT ENLÈVE TOUT!

LAISSEZ PASSER LES PLONGEURS!

DEPUIS COMBIEN DE TEMPS VOTRE AMI A-T-IL DISPARU?

EUH... 2 OU 3 MINUTES...

SALUT COLLÈGUES!

5 MINUTES PLUS TARD...

ON NE BOIT RIEN. VOUS ÊTES SÛRS QUE BOTRE AMI...

OUIIIIIII! REGARDEZ BIEN!

BOUHOUHOU SIMONNN!

SIMON, SIMON, C'EST PAS VRAI. NON! JE NE PEUX PAS CROIRE QU'IL SE SOIT NOYÉ!

AVEZ-VOUS REPÊCHÉ LE CORPS?

ON NE LE REVERRA JAMAIS.

OH NON!

LA POLICE, LES AMBULANCIERS, LES PLONGEURS... QU'EST-CE QUE J'AI FAIT? QU'EST-CE QUE J'AI FAIT?!

C'ÉTAIT JUSTE UN POISSON D'AVRIL. MAIS LÀ JE SUIS BON POUR LE TRIBUNAL DE LA JEUNESSE, LE CENTRE POUR DÉLINQUANTS...

'FAUT TROUVER UNE IDÉE... UNE IDÉE... VIITE!

J'AI J'AI ÉTÉ ENLEVÉ PAR DES EXTRA-TERRESTRES!

Compteurs sachant compter

CRACHE LE CASH

WOW! ÇA C'EST DE LA CABANE!

VOUS AVEZ VU LA CORVETTE?!

C'EST PAS UNE CORVETTE. C'EST UNE FERRARI.

ÉCOUTEZ, JE SUIS TRÈS TOUCHÉ PAR VOTRE GESTE MAIS MA DÉCISION EST DÉJÀ PRISE.

MAIS WAYNE, VOUS NE POUVEZ PAS PARTIR.

WOW! DU PEPSI ET DES WHIPPETS: LA GROSSE CLASSE!

VOTRE FAMILLE, VOS AMIS ET VOS FANS SONT ICI.

JE SAIS. MON COEUR SERA TOUJOURS ICI.

ET TON COMPTE DE BANQUE À TORONTO.

PARDON WAYNE, JE PEUX TÉLÉPHONER?

OUI. PRENDS MON CELLULAIRE.

MAIS VOUS COMPRENDREZ: 2 MILLIONS DE DOLLARS (U.S.), C'EST BEAUCOUP D'ARGENT.

UNE DOUZAINE DE BÂTONS, UN ÉQUIPEMENT NEUF ET EUH... EUH...

SI UN JOUR VOUS PASSEZ PAR TORONTO, VENEZ ME SALUER.

ET MERCI POUR LES CARTES AUTOGRAPHIÉES!

MERCI POUR LES CASQUETTES.

LE LENDEMAIN, À L'ARÉNA.

QUELQU'UN A VU ROBERT?

LÀ, SUR LA GLA...

EUH... L'AUTRE ÉQUIPE M'A FAIT UNE MEILLEURE OFFRE...

Sirop de robot

SIMON   CARO

MAYDAY! MAYDAY!

".. DES CONDITIONS QUE L'ON RETRÔUVE DANS LE DÉSERT. VÔICI DONC L'ÉRABLE-PALMIER.

C'ÉTAIT DONC ÇA LE GOÛT DE COCONUT.

QUI SAIT, ON PRÔDUIRRA PEUT-ÊTRE UN JOURR DU SIRRÔP DANS LE SAHARRA.

OH!

DU SIROP D'ARABE!!!

JE L'ATTENDAIS CELLE-LÀ...

ÇA? C'EST UNE DE NÔS BELLES RRÉUSSITES: L'ÉRABLAOBAB!

450 LITRRES DE SÈVE PARR JOURRR!

BONZAÏ

HÉ, C'EST PÉTULA, VOTRE CHEVAL.

ROBO

OUI, ENFIN, UNE VERRSION RRÔBÔTISÉE.

ÔN SE MÔDERRNIZE MAIS ÔN TIENT À GADRER LA CÔTÉ TRRÔDITIÔNNELL CLIC!

...TRADITIONNEL. BON, MAINTENANT SI VOUS VOULEZ BIEN ME SUIVRE NOUS ALLONS CONTINUER...

AH! LA CABANE À SUCRE! C'EST BON DE SAVOIR QUE CERTAINES CHOSES NE CHANGENT PAS...

OUI PAPA!

Centre-ville

S.CARGO EXPRESSSS

Un rôle pas drôle

CARO SIMON NADIA

— TOUBI HORNOTTE TOUBI...

TWO FIVE FOUR SIX O ONE ONE...

L'ENTRAÎNEMENT SE POURSUIT...

1... 2... 3

...AUTANT PHYSIQUEMENT...

... QU'INTELLECTUELLEMENT.

TO BE OR NOT TO BE...

BOUGE PAS!

RODRIGUE, AS-TU DU COEUR?

JE VOUDRAIS REMERCIER MA FAMILLE, MON GÉRANT ET MES AMIS SANS QUI...

2 JOURS PLUS TARD.

VAS-TU ÊTRE DANS UN TÉLÉROMAN?

PEUT-ÊTRE DANS 4½ OU DANS VIRGINIE ... OU MÊME AU CINÉMA

IL PARAÎT QUE LEONARDO DI CAPUCCINO EST EN VILLE...

TAIS-TOI!

AKRINK

MERD COCHON

STUDIO PUB INTERNATIONAL

VOICI TON TEXTE, TON COSTUME EST LÀ. N'OUBLIE PAS DE PASSER AU MAQUILLAGE...

STUDIO C

ON COMMENCE L'ENREGISTREMENT DANS 10 MINUTES.

ON VA T'ATTENDRE SUR LE PLATEAU...

SILENCE

MAIS ENFIN, NADIA, METS-Y UN PEU PLUS DE COEUR!

Choco miam

CHOCO... CHOCO... CHOCO... MIAM!

OÙ EST LÉONARDO?

ET SOURIS #*@!* MONTRE TES INCISIVES

ON REPREND!

Kim à moto

KIM

MATHIEU

LIVE FREE OR DIE!
VROAP VROP

C'EST PAS MIGNON, ÇA? TRANSMISSION AUTOMATIQUE, MOTEUR SILENCIEUX; ET TU PEUX LE CONDUIRE À 14 ANS.

BORN TO BE WILD

C'EST FAIT POUR LES FILLES

C'EST VRAI QUE C'EST DIFFÉRENT.

IMAGINE TON ARRIVÉE À L'ÉCOLE LÀ-DESSUS.

ET IL Y A MÊME UN FEU ROUGE!

TU VEUX L'ESSAYER, MATHIEU?

NAH! MOI, CE SONT LES GROSSES CYLINDRÉES QUI ME FONT CAPOTER!

VROAAR VROAR!

IL M'EN FAUT UNE!

1200cc SPHINCTER

NOUS ALLONS PROCÉDER AU TIRAGE DE LA MOTO!

AH?

LE NUMÉRO GAGNANT EST LE...

...14265!

BOF! C'EST ARRANGÉ AVEC LE GARS DES V...

J'AI GAGNÉ!

QUOI?!

MUNCH MUNCH

KIM. DONNE-MOI TON BILLET. LES MOTOS, C'EST PAS FAIT POUR LES FILLES.

TU NE CONNAIS RIEN AUX MOTOS!

KIM!

ON A GAGNÉ NOS ÉPAULETTES

BIKE LOVER

FINALEMENT...

JE PENSE QUE J'AIME LES MOTOS...

HÉ! TI-GARS, ASSIS-TOI DERRIÈRE TA COPINE POUR LA PHOTO...

NUMÉRO GAGNANT
14265

Le gars des villes et le gars des champs

Mystérieux batraciens

ROBERT VAN KIM NADIA

LES FAITS CONCERNANT LES GRENOUILLES SONT VRAIS ... HÉLAS

CE QUE JE FAIS? JE PULVÉRISE DES INSECTICIDES.

UNE RECETTE MAISON.

DRÔLE DE TRACTEUR!

ÇA ME DÉBARRASSE DE CES D'INSECTES!

LES ACHETEURS VEULENT DES SALADES PARFAITES; JE PRENDS LES MOYENS POUR LES SATISFAIRE...

OUI, ON DIRAIT QU'ELLES SONT EN PLASTIQUE.

ARRÊTE TES SALADES!

CE SONT PEUT-ÊTRE VOS PRODUITS CHIMIQUES QUI CAUSENT DES DÉFORMATIONS CHEZ LES GRENOUILLES

RIDICULE! LES GRENOUILLES NE MANGENT PAS DE SALADE.

SIX PATTES.

CROAAAA

NON, MAIS LES INSECTICIDES ABOUTISSENT TÔT OU TARD DANS LA RIVIÈRE.

SAVEZ-VOUS QUE LES GRENOUILLES RESPIRENT ET BOIVENT PAR LA PEAU?

ET ALORS?

QU'EST-CE QUI PROUVE QUE C'EST MON INSECTICIDE QUI PROVOQUE CES MUTATIONS? ÇA FAIT 10 ANS QUE JE L'UTILISE!

ET PUIS, DES GRENOUILLES À SIX PATTES, C'EST UNE BONNE AFFAIRE POUR LES VENDEURS DE CUISSES DE GRENOUILLES, HAHAHAHAHAHA!

GROS ÉPAIS!

VROOAAArrrrr...

Papa, qu'est-ce qu'ils voulaient les enfants?

RIEN.

OUVREZ LA PORTE!

Papa, papa, on peut aller jouer avec eux?!

PAS QUESTION DE SORTIR ...

MA GANG DE PETITS MONSTRES.

La sirène, le maquereau et le requin

VAN ROBERT CATHERINE KIM

Un peu plus à l'ouest...

IL N'Y A PAS GRAND CHOSE À FAIRE ICI.

TU OUBLIES MA RÉCOMPENSE.

JE... JE PENSE QU'ON DEVRAIT S'EN ALLER...

HÉ! ÇA SE PAIE LES BALADES EN MOTOMARINE!

LÂCHE-MOI!

HUMPF!

DÉMARRE, DÉMARRE!

MA CLÉ!

J'EN Y ARRIVERAI JAMAIS!

MAIS C'EST UN...UN...

UN REQUIN?!

RRRRRRKRR

TANT PIS POUR ELLE. MOI, JE NE RESTE PAS ICI!

SALUT LA BELLE, ÇA TE TENTE DE FAIRE UN TOUR?

ON A RÉUSSI MILLE SABORDS!

Juju la catastrophe

KIM

PAF!
BIEN FAIT!

LE LENDEMAIN.

HÉ! REGARDEZ! J'AI TROUVÉ UN PETIT CHIEN.

Les noeuds
SIMPLE GORDIEN ROT
FASTENIK TRON LAT

IL ÉTAIT PERDU DANS LA FORÊT.

! ! ! !

JE VAIS L'APPELER MILOU.

SAUVE qui PEUT!

GRRRR

3 JOURS PLUS TARD.

OUF! LA SEMAINE EST FINIE. ALLEZ DÉTACHER JUJU.

18%

C'EST PAS TROP TÔT.

TES PARENTS S'EN VIENNENT.

D'AILLEURS, LES VOILÀ QUI ARRIVENT...

UN PEU TROP VITE À MON GOÛT...

BANG!

M'ENFIN!

PAPA!

GOLDSTYN

LES DÉBROUILLARDS

Le Club des Débrouillards est un vaste mouvement d'éducation scientifique, qui comprend plusieurs activités, publications et produits :

- Des activités d'animation dans toutes les régions : camps de jour ou de séjour, ateliers sur plusieurs semaines, animations en classe, etc. Ces activités sont organisées par les Conseils du loisir scientifique régionaux.

- Deux magazines mensuels, produits en partenariat avec Bayard Jeunesse Canada : *Les Débrouillards*, axé sur les sciences et la technologie, pour les 9-14 ans, et *Les Explorateurs*, qui porte surtout sur les sciences de la nature, pour les 6-10 ans.

- Des livres d'expériences, des livres thématiques et des albums de bandes dessinées. Dernières parutions : *Les Expérience des Débrouillards*, Éditions Bayard Jeunesse Canada, et *Les Grands Débrouillards*, tome 2, Soulières Éditeur.

- Deux sites Internet : www.lesdebrouillards.qc.ca et www.lesexplos.qc.ca.

- Des séries à la télévision.

- Des chroniques dans les journaux régionaux, via l'Agence Science-Presse.

- Des produits dérivés, comme le cédérom *L'étrange disparition du professeur Scientifix*, une réalisation Créo.

- Un grand concours annuel : Le Défi des classes débrouillardes.

IL ME LES FAUT !

Créé au Québec en 1981, le Club des Débrouillards est présent dans une quinzaine de pays.

Renseignements : www.lesdebrouillards.qc.ca